MON JOLI CARNET DE

Mots de passe

Pour ne plus rien oublier !

SOMMAIRE

MOTS DE PASSE Boite(s) Mail(s)

NOM DU SITE :

IDENTIFIANT :

MOT DE PASSE :

ADRESSE EMAIL UTILISÉE:

NOM DU SITE :

IDENTIFIANT :

MOT DE PASSE :

ADRESSE EMAIL UTILISÉE:

NOM DU SITE :

IDENTIFIANT :

MOT DE PASSE :

ADRESSE EMAIL UTILISÉE:

NOTES :

1

MOTS DE PASSE Boîte(s) Mail(s)

NOM DU SITE :

IDENTIFIANT :

MOT DE PASSE :

ADRESSE EMAIL UTILISÉE:

NOM DU SITE :

IDENTIFIANT :

MOT DE PASSE :

ADRESSE EMAIL UTILISÉE:

NOM DU SITE :

IDENTIFIANT :

MOT DE PASSE :

ADRESSE EMAIL UTILISÉE:

NOTES :

MOTS DE PASSE Boite(s) Mail(s)

NOM DU SITE :

IDENTIFIANT :

MOT DE PASSE :

ADRESSE EMAIL UTILISÉE:

NOM DU SITE :

IDENTIFIANT :

MOT DE PASSE :

ADRESSE EMAIL UTILISÉE:

NOM DU SITE :

IDENTIFIANT :

MOT DE PASSE :

ADRESSE EMAIL UTILISÉE:

NOTES :

NOTES

MOTS DE PASSE Réseaux Sociaux

NOM DU SITE :

IDENTIFIANT :

MOT DE PASSE :

ADRESSE EMAIL UTILISÉE:

NOM DU SITE :

IDENTIFIANT :

MOT DE PASSE :

ADRESSE EMAIL UTILISÉE:

NOM DU SITE :

IDENTIFIANT :

MOT DE PASSE :

ADRESSE EMAIL UTILISÉE:

NOTES :

MOTS DE PASSE Réseaux Sociaux

NOM DU SITE :

IDENTIFIANT :

MOT DE PASSE :

ADRESSE EMAIL UTILISÉE:

NOM DU SITE :

IDENTIFIANT :

MOT DE PASSE :

ADRESSE EMAIL UTILISÉE:

NOM DU SITE :

IDENTIFIANT :

MOT DE PASSE :

ADRESSE EMAIL UTILISÉE:

NOTES :

NOTES

NOM DU SITE :

IDENTIFIANT :

MOT DE PASSE :

ADRESSE EMAIL UTILISÉE:

NOM DU SITE :

IDENTIFIANT :

MOT DE PASSE :

ADRESSE EMAIL UTILISÉE:

NOM DU SITE :

IDENTIFIANT :

MOT DE PASSE :

ADRESSE EMAIL UTILISÉE:

NOTES :

NOM DU SITE :

IDENTIFIANT :

MOT DE PASSE :

ADRESSE EMAIL UTILISÉE:

NOM DU SITE :

IDENTIFIANT :

MOT DE PASSE :

ADRESSE EMAIL UTILISÉE:

NOM DU SITE :

IDENTIFIANT :

MOT DE PASSE :

ADRESSE EMAIL UTILISÉE:

NOTES :

NOM DU SITE :

IDENTIFIANT :

MOT DE PASSE :

ADRESSE EMAIL UTILISÉE:

NOM DU SITE :

IDENTIFIANT :

MOT DE PASSE :

ADRESSE EMAIL UTILISÉE:

NOM DU SITE :

IDENTIFIANT :

MOT DE PASSE :

ADRESSE EMAIL UTILISÉE:

NOTES :

NOM DU SITE :

IDENTIFIANT :

MOT DE PASSE :

ADRESSE EMAIL UTILISÉE:

NOM DU SITE :

IDENTIFIANT :

MOT DE PASSE :

ADRESSE EMAIL UTILISÉE:

NOM DU SITE :

IDENTIFIANT :

MOT DE PASSE :

ADRESSE EMAIL UTILISÉE:

NOTES :

NOTES

NOM DU SITE :

IDENTIFIANT :

MOT DE PASSE :

ADRESSE EMAIL UTILISÉE:

NOM DU SITE :

IDENTIFIANT :

MOT DE PASSE :

ADRESSE EMAIL UTILISÉE:

NOM DU SITE :

IDENTIFIANT :

MOT DE PASSE :

ADRESSE EMAIL UTILISÉE:

NOTES :

MOTS DE PASSE Courses/Drive

NOM DU SITE :

IDENTIFIANT :

MOT DE PASSE :

ADRESSE EMAIL UTILISÉE:

NOM DU SITE :

IDENTIFIANT :

MOT DE PASSE :

ADRESSE EMAIL UTILISÉE:

NOM DU SITE :

IDENTIFIANT :

MOT DE PASSE :

ADRESSE EMAIL UTILISÉE:

NOTES :

NOTES

MOTS DE PASSE *Ventes Privées*

NOM DU SITE :

IDENTIFIANT :

MOT DE PASSE :

ADRESSE EMAIL UTILISÉE:

NOM DU SITE :

IDENTIFIANT :

MOT DE PASSE :

ADRESSE EMAIL UTILISÉE:

NOM DU SITE :

IDENTIFIANT :

MOT DE PASSE :

ADRESSE EMAIL UTILISÉE:

NOTES :

NOM DU SITE :

IDENTIFIANT :

MOT DE PASSE :

ADRESSE EMAIL UTILISÉE:

NOM DU SITE :

IDENTIFIANT :

MOT DE PASSE :

ADRESSE EMAIL UTILISÉE:

NOM DU SITE :

IDENTIFIANT :

MOT DE PASSE :

ADRESSE EMAIL UTILISÉE:

NOTES :

NOTES

MOTS DE PASSE Shopping

NOM DU SITE :

IDENTIFIANT :

MOT DE PASSE :

ADRESSE EMAIL UTILISÉE:

NOM DU SITE :

IDENTIFIANT :

MOT DE PASSE :

ADRESSE EMAIL UTILISÉE:

NOM DU SITE :

IDENTIFIANT :

MOT DE PASSE :

ADRESSE EMAIL UTILISÉE:

NOTES :

MOTS DE PASSE Shopping

NOM DU SITE :

IDENTIFIANT :

MOT DE PASSE :

ADRESSE EMAIL UTILISÉE:

NOM DU SITE :

IDENTIFIANT :

MOT DE PASSE :

ADRESSE EMAIL UTILISÉE:

NOM DU SITE :

IDENTIFIANT :

MOT DE PASSE :

ADRESSE EMAIL UTILISÉE:

NOTES :

NOM DU SITE :

IDENTIFIANT :

MOT DE PASSE :

ADRESSE EMAIL UTILISÉE:

NOM DU SITE :

IDENTIFIANT :

MOT DE PASSE :

ADRESSE EMAIL UTILISÉE:

NOM DU SITE :

IDENTIFIANT :

MOT DE PASSE :

ADRESSE EMAIL UTILISÉE:

NOTES :

NOM DU SITE :

IDENTIFIANT :

MOT DE PASSE :

ADRESSE EMAIL UTILISÉE:

NOM DU SITE :

IDENTIFIANT :

MOT DE PASSE :

ADRESSE EMAIL UTILISÉE:

NOM DU SITE :

IDENTIFIANT :

MOT DE PASSE :

ADRESSE EMAIL UTILISÉE:

NOTES :

MOTS DE PASSE Shopping

NOM DU SITE :

IDENTIFIANT :

MOT DE PASSE :

ADRESSE EMAIL UTILISÉE:

NOM DU SITE :

IDENTIFIANT :

MOT DE PASSE :

ADRESSE EMAIL UTILISÉE:

NOM DU SITE :

IDENTIFIANT :

MOT DE PASSE :

ADRESSE EMAIL UTILISÉE:

NOTES :

MOTS DE PASSE Shopping

NOM DU SITE :

IDENTIFIANT :

MOT DE PASSE :

ADRESSE EMAIL UTILISÉE:

NOM DU SITE :

IDENTIFIANT :

MOT DE PASSE :

ADRESSE EMAIL UTILISÉE:

NOM DU SITE :

IDENTIFIANT :

MOT DE PASSE :

ADRESSE EMAIL UTILISÉE:

NOTES :

NOM DU SITE :

IDENTIFIANT :

MOT DE PASSE :

ADRESSE EMAIL UTILISÉE:

NOM DU SITE :

IDENTIFIANT :

MOT DE PASSE :

ADRESSE EMAIL UTILISÉE:

NOM DU SITE :

IDENTIFIANT :

MOT DE PASSE :

ADRESSE EMAIL UTILISÉE:

NOTES :

MOTS DE PASSE Shopping

NOM DU SITE :

IDENTIFIANT :

MOT DE PASSE :

ADRESSE EMAIL UTILISÉE:

NOM DU SITE :

IDENTIFIANT :

MOT DE PASSE :

ADRESSE EMAIL UTILISÉE:

NOM DU SITE :

IDENTIFIANT :

MOT DE PASSE :

ADRESSE EMAIL UTILISÉE:

NOTES :

NOTES

MOTS DE PASSE Divers

NOM DU SITE :

IDENTIFIANT :

MOT DE PASSE :

ADRESSE EMAIL UTILISÉE:

NOM DU SITE :

IDENTIFIANT :

MOT DE PASSE :

ADRESSE EMAIL UTILISÉE:

NOM DU SITE :

IDENTIFIANT :

MOT DE PASSE :

ADRESSE EMAIL UTILISÉE:

NOTES :

MOTS DE PASSE Divers

NOM DU SITE :

IDENTIFIANT :

MOT DE PASSE :

ADRESSE EMAIL UTILISÉE:

NOM DU SITE :

IDENTIFIANT :

MOT DE PASSE :

ADRESSE EMAIL UTILISÉE:

NOM DU SITE :

IDENTIFIANT :

MOT DE PASSE :

ADRESSE EMAIL UTILISÉE:

NOTES :

MOTS DE PASSE Divers

NOM DU SITE :

IDENTIFIANT :

MOT DE PASSE :

ADRESSE EMAIL UTILISÉE:

NOM DU SITE :

IDENTIFIANT :

MOT DE PASSE :

ADRESSE EMAIL UTILISÉE:

NOM DU SITE :

IDENTIFIANT :

MOT DE PASSE :

ADRESSE EMAIL UTILISÉE:

NOTES :

MOTS DE PASSE Divers

NOM DU SITE :

IDENTIFIANT :

MOT DE PASSE :

ADRESSE EMAIL UTILISÉE:

NOM DU SITE :

IDENTIFIANT :

MOT DE PASSE :

ADRESSE EMAIL UTILISÉE:

NOM DU SITE :

IDENTIFIANT :

MOT DE PASSE :

ADRESSE EMAIL UTILISÉE:

NOTES :

MOTS DE PASSE Divers

NOM DU SITE :

IDENTIFIANT :

MOT DE PASSE :

ADRESSE EMAIL UTILISÉE:

NOM DU SITE :

IDENTIFIANT :

MOT DE PASSE :

ADRESSE EMAIL UTILISÉE:

NOM DU SITE :

IDENTIFIANT :

MOT DE PASSE :

ADRESSE EMAIL UTILISÉE:

NOTES :

MOTS DE PASSE Divers

NOM DU SITE :

IDENTIFIANT :

MOT DE PASSE :

ADRESSE EMAIL UTILISÉE:

NOM DU SITE :

IDENTIFIANT :

MOT DE PASSE :

ADRESSE EMAIL UTILISÉE:

NOM DU SITE :

IDENTIFIANT :

MOT DE PASSE :

ADRESSE EMAIL UTILISÉE:

NOTES :

MOTS DE PASSE Divers

NOM DU SITE :

IDENTIFIANT :

MOT DE PASSE :

ADRESSE EMAIL UTILISÉE:

NOM DU SITE :

IDENTIFIANT :

MOT DE PASSE :

ADRESSE EMAIL UTILISÉE:

NOM DU SITE :

IDENTIFIANT :

MOT DE PASSE :

ADRESSE EMAIL UTILISÉE:

NOTES :

MOTS DE PASSE Divers

NOM DU SITE :

IDENTIFIANT :

MOT DE PASSE :

ADRESSE EMAIL UTILISÉE:

NOM DU SITE :

IDENTIFIANT :

MOT DE PASSE :

ADRESSE EMAIL UTILISÉE:

NOM DU SITE :

IDENTIFIANT :

MOT DE PASSE :

ADRESSE EMAIL UTILISÉE:

NOTES :

MOTS DE PASSE Divers

NOM DU SITE :

IDENTIFIANT :

MOT DE PASSE :

ADRESSE EMAIL UTILISÉE:

NOM DU SITE :

IDENTIFIANT :

MOT DE PASSE :

ADRESSE EMAIL UTILISÉE:

NOM DU SITE :

IDENTIFIANT :

MOT DE PASSE :

ADRESSE EMAIL UTILISÉE:

NOTES :

NOTES

www.ingramcontent.com/pod-product-compliance
Lightning Source LLC
Chambersburg PA
CBHW051124050326
40690CB00006B/802